Unterwegs mit Paul & Papa

© mixtvision Verlag, München 2016

www.mixtvision-verlag.de

Alle Rechte vorbehalten.

Umschlagillustration: Susanne Göhlich

Grafik und Gestaltung: Anette Beckmann

Druck und Bindung: Grafisches Centrum Cuno, Calbe

ISBN: 978-3-95854-072-9

Susanne Weber

Unterwegs mit Paul & Papa

Vorlesegeschichten

Mit Illustrationen
von Susanne Göhlich

mixtvision

Inhalt

Auf dem Jahrmarkt

„Wow, ist das groß!" Paul steht vor dem Riesenrad und schaut staunend nach oben.

„Wenn wir uns verlieren, treffen wir uns hier wieder", sagt Papa. „Hast du zugehört, Paul?"

„Ja, ich hab's verstanden", sagt Paul. „Fahren wir mit dem Riesenrad?"

Papa zögert kurz. „Wie wär's, wenn wir mit dem Kettenkarussell anfangen? Wenn du dann noch Lust hast, überlegen wir uns das mit dem Riesenrad."

„Okay", sagt Paul. „Und ich will unbedingt eine Zuckerwatte haben."

„Zwei Karussells oder andere Fahrgeschäfte, eine Süßigkeit", sagt Papa. „Was du nimmst, kannst du dir aussuchen."

„Zuckerwatte. Kettenkarussell. Riesenrad", bestimmt Paul und zieht Papa zu einem Stand.

Papa hält ihn zurück. „Willst du nicht erst mal gucken, was es sonst noch so gibt?"

„Nein", sagt Paul und stellt sich am Süßigkeitenstand an. Die Zuckerwatte ist größer als Pauls Kopf und herrlich süß und klebrig. Paul isst sie im Gehen und muss aufpassen, dass er damit nicht gegen Schultern oder Ballons stößt.

„Ich will auch einen Ballon", sagt er zu Papa.

„Dann gibt es aber nur ein Fahrgeschäft", antwortet
Papa. „Hier links rum ist das Kettenkarussell."

„Das ist gemein", sagt Paul und überlegt. „Dann lieber
zwei Fahrgeschäfte, oder wie die heißen."

Das Kettenkarussell ist eines für Kinder, sodass Paul
alleine damit fährt. Als sich das Karussell zu
drehen beginnt und er weiter und weiter nach
außen schwingt, fängt er an zu lachen. Papa
lacht auch und winkt. Immer, wenn Paul an Papa
vorbeikommt, winkt er ihm zu. Paul zählt mit:
Nach zehn Mal Winken hält das Kettenkarussell
wieder an und Papa hebt ihn aus dem Sitz.

Bei den ersten Schritten ist Paul noch ganz wackelig auf
den Beinen, aber dann kann er wieder gerade gehen. Sie
kommen am Autoscooter und an der Geisterbahn vorbei
und an drei verschiedenen Ballonverkäufern. Dann
kehren sie wieder zum Riesenrad zurück.

„Bereit?", fragt Papa.

„Klaro", sagt Paul.

Sie kaufen eine Fahrkarte und warten, bis eine freie
Gondel vor ihnen hält. Sie steigen ein und die Gondel
dreht sich langsam nach oben.

„Toll!", sagt Paul und strahlt. Er zeigt nach unten.

„Wie klein die Menschen jetzt sind!"

„Lehn dich nicht so weit raus!", sagt Papa und umklam-
mert den Haltegriff. Dann zeigt er auf einen Luftballon
in Form eines Blaulichts, der langsam nach oben steigt.

„Guck mal! Den hat wohl ein Kind verloren!"

„Vielleicht können wir ihn fangen!", ruft Paul.

„Nein", sagt Papa entschieden. „Das ist viel zu gefährlich!"

„Manno!", sagt Paul trotzig.

Papa hebt den Arm und zeigt in die andere Richtung.

„Schau mal, dahinten wohnen wir!" Doch Paul schaut
nur auf den Ballon, der knapp an ihrer Gondel vorbei
weiter in den Himmel steigt.

Als das Riesenrad wieder hält und die beiden aussteigen,

fragt Papa: „Noch ein bisschen rumlaufen oder gleich nach Hause?"

„Nach Hause", sagt Paul maulig. Er guckt stur auf den Boden. Plötzlich sieht er neben weggeworfenen Losen und Bonbonpapier einen Geldschein auf dem Boden liegen und hält an.

„Komm, Paul", zieht Papa ihn weiter. Doch Paul bückt sich und hebt den Geldschein auf.

„Fünf Euro", sagt er strahlend. „Davon kaufe ich mir einen Ballon."

„Du Glückspilz", sagt Papa und hält nach dem nächsten Ballonverkäufer Ausschau.

„Wie teuer ist das Blaulicht?", fragt Paul, als sie vor einer Traube von Ballons stehen.

„Acht Euro", sagt der Verkäufer.

„Okay, okay", sagt Papa, als Paul ihn fragend ansieht. „Wenn du mir sagst, wie viel noch fehlt, geb ich den Rest dazu."

Paul überlegt ganz stark. „Drei Euro", sagt er dann. Der Verkäufer reicht ihm den Ballon und Paul hält ihn stolz fest. „Jetzt möchte ich doch noch eine Runde drehen", sagt er zu Papa. Und beim Gehen passt er ganz doll auf, dass sein Ballon an keiner Zuckerwatte kleben bleibt.

Mehr Meer

Mit einem „Wusch" schüttet Paul das Wasser in den Burggraben. „Mehr Meer!", ruft er laut und hält Papa den Eimer hin.

„Jetzt kannst du auch mal selber laufen", sagt Papa und lässt sich in den Sand plumpsen. „Ich brauch 'ne Pause."

Paul läuft zum Wasser, füllt seinen blauen Eimer und kommt zu Papa und der Sandburg zurück. „Los, Papa, wir müssen rasch den Burggraben vollmachen, damit die Ritter vor einem Angriff sicher sind."

„Wer sollte denn angreifen?", fragt Papa müde.

Paul zeigt auf Mama, die auf einem Handtuch in der Sonne liegt.

„Ich glaube, da haben wir nichts zu befürchten." Papa wischt sich den Schweiß von der Stirn. „Lass uns lieber mal ins Wasser gehen."

Papa pustet die Schwimmflügel auf. Hand in Hand laufen Paul und Papa ins Wasser, dass es nur so spritzt.

„Haiangriff!", ruft Papa und formt seine Hände zu einer Haifischflosse. Unter Wasser schwimmt er auf Paul zu, der kreischend davonpaddelt.

Zehn Angriffe später legen sie sich ins flache Wasser

und ruhen sich aus. Paul lässt den Sand durch die Finger gleiten und Papa schwärmt: „Ich liebe die Ostsee! Und diesmal haben wir auch so gutes Wetter!"

Mama läuft an ihnen vorbei. „Puh, ist das heiß", sagt sie. „Ich brauche auch 'ne Abkühlung." Sie geht etwas tiefer ins Wasser, macht drei Schwimmzüge und lässt sich dann auf dem Rücken treiben.

Papa stupst Paul an. „Haiangriff?", fragt er. Paul nickt und kichert.

Mama kreischt laut, als sich die beiden Haiflossen nähern.

Am Abend liegt Paul mit seinem Eisbär erschöpft im Bett der Ferienwohnung.

„Wie wär's, wenn wir morgen mal zur Abwechslung in den Tierpark gehen?", schlägt Mama vor und gibt Paul einen Gutenachtkuss.

„Nein", protestiert Paul. „Ich will an den Strand. Ich will mehr Meer!"

„Aber wir waren bisher jeden Tag am Strand", wendet Mama ein. „Ich hab auch mal Lust auf was anderes."

„Dann machen wir es doch einfach so: Ich lege mich morgen faul in die Sonne und du spielst mit Paul Ritterburg und Haiangriff!", macht Papa nun einen Gegenvorschlag.

„Einverstanden!", sagt Mama. Sie hält Paul die Hand hin. „Mehr Meer?"

Paul schlägt ein. „Mehr Meer!"

Computerauto

„So, das müsste das Auto sein", sagt Papa und schaut
sicherheitshalber noch mal auf sein Handy. „Ja, genau.
So ein modernes Ding bin ich noch nie gefahren." Er
hält eine Chipkarte an die Autotür und die öffnet sich
klickend.

„Und wo sitze ich?", fragt Paul und zeigt auf die Rückbank. „Da ist ja gar kein Kindersitz."

Papa schaut sich um. „Irgendwo muss eine integrierte
Sitzerhöhung sein. In den Sitz eingebaut also." Papa
sucht und flucht ein bisschen, bis er die Sitzerhöhung
schließlich findet. Paul klettert hinauf und lässt sich
anschnallen. „Passt doch super, wie ein Großer", sagt
Papa, schließt die Tür und geht um das Auto herum zur
Fahrertür.

Nachdem er sich gesetzt hat, murmelt er: „Wo kommt
denn jetzt der Schlüssel rein und wo ist der Schlüssel
überhaupt?"

„Vielleicht muss man nur auf einen Knopf drücken, wie
beim Computer?", schlägt Paul vor.

„Ich weiß schon, warum ich lieber Fahrrad fahre, aber
das wäre zum Grillfest einfach zu weit gewesen", sagt
Papa und fährt sich durch die Haare. „Ah, du hast

recht, man muss tatsächlich einen Knopf drücken. Bei
meinem Auto früher war das alles ganz anders."
Paul guckt neugierig auf den Bildschirm, der nun auf-
leuchtet. „Ich find so ein Computerauto spannend!"
Papa startet den Motor, parkt aus und fährt los.
„Mach mal Musik an", sagt Paul.
„Wenn ich wüsste, wie das geht", sagt Papa und hält
an einer Ampel. Plötzlich ist es ganz still. Papa tippt
auf dem Bildschirm herum, aber es kommt keine Musik.
„Mist, jetzt ist auch noch der Motor abgesoffen."
„Wieso denn abgesoffen?", fragt Paul. „Wir sind doch
nicht unter Wasser."
„Das sagt man nur so, wenn man zu wenig Gas gibt
und der Motor ausgeht." Die Ampel schaltet auf Grün
und sofort beginnen die Autos hinter ihnen zu hupen.
Papa wird nervös. „Ich weiß auch nicht, wie ich das

Ding wieder in Gang kriege. Er schaut auf den Bildschirm und drückt auf den Start-Knopf, aber nichts
passiert.

„Du kannst ruhig Scheiße sagen, Papa", kommt es von
der Rückbank. „Finde ich nicht schlimm."

„Oh, danke, gut zu wissen", sagt Papa und drückt
mit den Füßen auf den Pedalen herum, bis der Motor
plötzlich wieder anspringt.

„Jetzt ist es wieder rot!", ruft Paul schnell.

„Oh Mann", flucht Papa. „Man muss auf die Bremse
drücken, damit man wieder starten kann. Wie soll man
denn darauf kommen?"

„Ist doch bei uns auch so", sagt Paul. „Wir müssen
uns auch hinlegen und schlafen, damit wir am nächsten Tag wieder fit sind. Energie tanken, sagt ihr doch
immer."

„Stimmt auch irgendwie", murmelt Papa. „Der Tank ist
zum Glück voll, sehe ich gerade." Die Ampel schaltet
wieder auf Grün und Papa fährt los. „Aber wir haben
die Grillwürstchen vergessen! Dann müssen wir vielleicht doch noch an einer Tankstelle halten."

Sie fahren auf einer breiten Straße aus der Stadt
hinaus und Papa findet endlich heraus, wie das Radio
funktioniert.

„Fährt sich wirklich gut, der Wagen", sagt Papa und stimmt dann in die Musik aus dem Radio ein. Gut gelaunt halten sie an einer Tankstelle an und gehen in den Shop.

„Vegetarische Würstchen gibt's leider nicht", sagt Papa. „Paul, wo bist du denn?"

„Hier!", ruft Paul und schaut um die Ecke eines Regals. „Es gibt Marshmallows, die kann man doch auch grillen."

Papa nimmt zwei Tüten aus dem Regal. „Okay, dann gibt's eben Marshmallows statt Würstchen. Heute ist alles ein bisschen anders."

Als sie zurück zum Auto gehen, sucht Papa wieder nach dem Schlüssel.

„Es gibt doch gar keinen Schlüssel", erinnert ihn Paul.

Papa fischt die Karte aus der Hosentasche. „Stimmt. Und keine Würstchen. Krieg ich ein Marshmallow?"

Der chinesische Drache

„Fährst du mal wieder nach China, Papa?", fragt Paul,
als sie nach dem Kindergarten auf dem Spielplatz
in der Hängematte liegen. Papa setzt sich auf und
sieht Paul erstaunt an.

„Ja. Aber woher weißt du das? Das habe ich doch
heute Mittag selbst erst erfahren."

Paul schweigt und blickt in den Himmel. Die Wolken haben schöne Formen. „Jetzt sag doch mal, Paul. Woher weißt du das?", wiederholt Papa. Als Paul immer noch nichts sagt, zupft Papa ihn sanft am Ohrläppchen.

„Au!", sagt Paul und lacht. „In der Mittagspause, wenn die anderen Kinder schlafen, mache ich manchmal Traumreisen. Und heute war ich bei dir im Büro."

Papa steht der Mund offen. „Du machst was?"

Paul zeigt in den Himmel. „Guck mal, die Wolke sieht aus wie ein Drache."

Papa schaut kurz nach oben. „Stimmt", sagt er. „Aber jetzt lenk nicht ab. Was machst du, wenn die anderen Kinder schlafen?"

„Traumreisen", antwortet Paul. „Ich reise dann irgend-wohin."

„Aha", sagt Papa und ist völlig verdutzt.

„Bringst du mir einen Drachen aus China mit?", fragt Paul. „So einen wie den Drachen da oben?"

„Mach ich", sagt Papa. „Aber guck mal, jetzt sieht der Drache aus, als ob er sich schlafen gelegt hätte."

„Stimmt", sagt Paul. „Gibst du uns noch einen Schubs?"

Papa stößt sich mit dem Bein, das an der Seite raus-
hängt, ab. Sie schwingen hin und her.

„Machst du dann auch eine Traumreise nach China,
wenn ich da bin?", fragt Papa.

„Ich glaube, das ist zu weit weg", sagt Paul und schaut
Papa von der Seite an. „Außerdem bin ich mittags auch
manchmal müde und muss schlafen."

„Verstehe", sagt Papa. „Ich hab auch keine Lust, so
weit wegzufahren. Ich würde viel lieber hier bei dir
und Mama bleiben." Er seufzt. „Guck mal, jetzt ist der
Drache ganz verschwunden."

„Schade", sagt Paul. Er zeigt in den Himmel. „Aber da
ist ein Flugzeug, das fliegt bestimmt nach China."

Regenwahrscheinlichkeit

Paul zieht sich die Schuhe an. „Fertig", sagt er und geht zur Tür.

„Warte", sagt Papa und verschwindet noch einmal im Wohnzimmer. „Ich will mal schauen, wie das Wetter wird."

„Wieso wollen Erwachsene denn immer wissen, wie das Wetter wird?", grummelt Paul.

„Weil Opa uns gleich mit seinem neuen Cabrio abholt. Deshalb!", ruft Papa aus dem Wohnzimmer. „Regen-wahrscheinlichkeit fünfzig Prozent. Wir nehmen lieber unsere Mützen und Regenjacken mit", sagt Papa und erscheint wieder im Flur.

Paul schaut ihn fragend an. „Regenwas?"

Papa steckt die Regenjacken in seinen Rucksack und setzt Paul ein Käppi auf. „Regenwahrscheinlichkeit. Die Chancen stehen fünfzig-fünfzig, dass es regnet. Das heißt, es ist genauso wahrscheinlich, dass es reg-net, wie, dass es nicht regnet."

„Verstehe ich nicht", sagt Paul. „Und wie stehen die Chancen, dass Opa gleich klingelt?"

Papa schaut auf die Uhr. „Gut. Es ist nämlich genau halb drei. Da wollte er kommen."

Paul macht die Tür auf. „Ich geh schon mal runter und warte da."

Als Paul unten im Treppenhaus ankommt und die Tür öffnet, parkt Opa gerade vor dem Haus ein. Das Cabrio ist rot und das Verdeck ist unten. Fröhlich winkt er Paul zu.

„Cooles Auto", sagt Paul staunend.

„Willst du schon einsteigen?", fragt Opa. Er öffnet die Beifahrertür und klappt den Sitz um, sodass Paul nach hinten auf die schmale Rückbank klettern kann. Auf der Sitzerhöhung gurtet Opa ihn fest.

„Papa kommt gleich. Er musste noch Regensachen einpacken. Er meint, dass es regnet."

„Wenn es regnet, machen wir das Verdeck zu, das geht auch beim Fahren. Sonst wird ja hier drin alles nass." Opa streicht über das Armaturenbrett und den Beifahrersitz. „Ah, da ist er ja."

Papa steigt ein und Opa und er begrüßen sich. „Wirklich schickes Auto", sagt Papa anerkennend. „Aber was machst du, wenn es regnet?"

„Es gibt doch ein Verdeck! Nur wenn man es ohne geschlossenem Verdeck abgestellt hat und es zu regnen anfängt, das ist ärgerlich." Er startet den Motor. „Auf geht unsere kleine Spritztour!"

Sie fahren durch die Straßen und es weht ein angeneh-
mes Lüftchen. Paul findet es super, alles so gut sehen
zu können. Als sie am Stadtrand in eine Landstraße
biegen, muss Paul sein Käppi festhalten, damit es nicht
wegfliegt. „Cool!", ruft er. Doch es ist so laut, dass
Papa und Opa ihn vorne gar nicht hören. Paul nimmt
die Mütze ab und stopft sie sich halb unter den Hin-
tern. Jetzt wehen seine Haare im Wind. Er denkt an Papas Regenwahrscheinlichkeit und schaut nach oben in
den Himmel. Eine dicke graue Wolke hängt genau über
ihnen. Aber er hat noch keinen Tropfen abbekommen.
Trotzdem tippt er Papa vorsichtshalber auf die Schulter
und zeigt in den Himmel.
„Mach mal das Verdeck zu!", ruft Papa Opa zu.

Doch statt das Verdeck hochfahren zu lassen, fährt er rechts ran und hält.

„Ich dachte, dafür muss man nicht anhalten", sagt Paul.

„Zieht mal eure Regensachen an", sagt Opa. Paul und Papa schauen ihn fragend an. „Ich hab mal gelesen, dass man im Cabrio, wenn man 130 Stundenkilometer fährt, trotz Regen nicht nass wird. Das probieren wir jetzt aus!"

Papa guckt skeptisch. „Meinetwegen. Aber ich wette dagegen."

„Okay, die Wette gilt", sagt Opa. „Wir wetten um einen Eisbecher." Papa und Opa schlagen ein. „Und was wettest du, Paul?"

„Dass wir trocken bleiben", sagt Paul und schlägt ebenfalls ein. „Hoffentlich regnet es jetzt auch."

Alle drei ziehen sich Regenjacken an und setzen die Kapuzen auf. Opa fährt weiter, lenkt das Auto zur Autobahnauffahrt und beschleunigt.

Paul schaut wieder in den Himmel. Die Wolke sieht jetzt noch dunkler aus. Eigentlich müsste es doch jetzt regnen, denkt er.

An der übernächsten Ausfahrt fährt Opa ab und hält am Straßenrand. „Wette gewonnen!", ruft er.

„Es hat doch gar nicht geregnet", wendet Paul ein.
Opa zeigt auf die Windschutzscheibe, die ganz
gesprenkelt ist. „Du hast drinnen nur nichts abbekommen. Durch die Geschwindigkeit fliegen die
Regentropfen über den offenen Innenraum hinweg
und wir bleiben trocken." Er zeigt auf seine Brille,
auf der sich ein paar Tropfen sammeln. „Aber jetzt
mach ich mal lieber das Verdeck hoch." Er drückt auf
einen Knopf. Sirrend schließt sich das Dach über Pauls
Kopf. „So, ich fahr jetzt schnell zurück in die Stadt zur
nächsten Eisdiele."

„Okay", sagt Papa. „Ich hab die Wette wohl verloren.
Aber mit dem Regen hatte ich recht. Das war nicht nur
fünfzig Prozent, sondern hundert Prozent Regen."

„Zum Glück", sagt Paul. „Denn ich nehm hundertpro-
zentig ein Spaghettieis!"

Musik im Kopf

„Paul, musst du mal aufs Klo?", fragt Papa. „Du hibbelst
so rum."

„Nein, ich hab Musik im Kopf", sagt Paul und bewegt
sich hin und her. „Die von der Kinderdisko im Urlaub."
Papa seufzt. „Ja, schade, dass der Urlaub schon wieder
vorbei ist. Aber du hast doch die CD mit den Liedern."
Paul springt auf. „Au ja! Wir machen eine eigene
Disko!" Er läuft in sein Zimmer und macht die Vorhänge
zu. „Wir brauchen das bunte Nachtlicht, das ich früher
hatte. Und dein Fahrradlicht."
Papa sucht das Nachtlicht und Paul das Fahrradlicht. Das
Nachtlicht stecken sie in die Steckdose und stellen es
auf Rot. Das Fahrradlicht strahlt blinkend an die Decke.
Dann machen sie die Musik an und beginnen zu tanzen.
Paul macht die Bewegungen vor und Papa macht sie
nach. Sie reißen die Arme hoch und gehen dann in die
Hocke. Die Musik wird immer schneller und Papa kommt
ins Schwitzen. Plötzlich hören sie lautes Gelächter.
Mama steht im Türrahmen. „Was macht ihr denn?",
fragt sie. „Sport?"

„So ähnlich", sagt Papa und bleibt schnaufend stehen.

„Paul hatte Musik im Kopf. Die haben wir dann auf laut gestellt."

„Ich fühl mich gleich wieder wie im Urlaub", sagt Mama. „Darf ich mitmachen?"

„Na klar!", ruft Paul. Papa zieht sein Hemd aus und sie tanzen weiter. Mama macht ihre Bewegungen nach. Plötzlich geht Paul zum CD-Spieler und schaltet die Musik aus.

„Was ist denn jetzt los?", fragt Papa und wischt sich den Schweiß von der Stirn.

„Jetzt muss ich wirklich aufs Klo", sagt Paul. Er tritt von einem Bein aufs andere.

„Dann geh schnell", sagt Papa und tanzt weiter.

„Warum tanzt du weiter?", fragt Paul.

„Ich hab jetzt auch Musik im Kopf", antwortet Papa.

Raumfahrer

„Was machen die da?", fragt Paul und zeigt auf die
Jugendlichen. Auf dem Weg zum Museum kommt
er mit Papa an einer Schule vorbei, vor der ältere
Mädchen und Jungen mit Bierflaschen stehen.
„Ich vermute, die haben gerade die Abiprüfungen
hinter sich. Am Ende der Schulzeit machen viele
das Abitur. Für die Tests und Prüfungen müssen die
Jugendlichen ganz viel lernen und wenn sie fertig sind,
feiern sie", erklärt Papa. Seine Stimme wird immer
lauter, da aus einem Lautsprecher Musik dröhnt.
„Und was machen sie dann nach der Schule?", schreit
Paul.
„Manche gehen gleich an die Uni und studieren,
manche reisen aber auch erst einmal rum oder arbei-
ten, um Geld zu verdienen. Ich hab nach der Schule in
einem Pflegeheim für alte Leute gearbeitet. Und Mama
war in Paris und hat dort auf Kinder aufgepasst", sagt
Papa und steigt über eine Bierflasche.
„Wenn ich mit der Schule fertig bin, fliege ich zum Mond.
Mit meinem Freund Bruno", verkündet Paul. Sie biegen
in eine Straße ein und die Musik wird endlich leiser.

„Das ist ein bisschen weiter als Paris. Und woher bekommt ihr die Rakete? Oder wie fliegt ihr zum Mond?", fragt Papa nach.

„Die bauen wir uns selbst", sagt Paul und hüpft auf dem rechten Bein. „Wir haben im Kindergarten schon Pläne gemalt."

„Ihr fangt ja früh an!", sagt Papa. „Aber umso besser. Eine Rakete zu bauen, ist gar nicht leicht. Vielleicht solltet ihr dann nach der Schule erst mal an die Uni und Raumfahrt studieren. Das kann man." Er schaut auf die Uhr. „Wir müssen uns beeilen, damit wir die S-Bahn noch bekommen."

Paul hört auf zu hüpfen und lässt sich von Papa weiterziehen. Am Ende der Straße biegen sie noch einmal ab und sehen jetzt schon den S-Bahnhof.

Davor sitzen einige Leute mit Bierflaschen und
prosten sich zu.

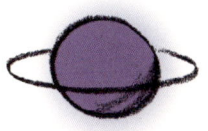

„Feiern die auch das Abitur?", fragt Paul
und zeigt auf die Leute.

Papa lacht. „Nein, die sind schon etwas älter als die
Schüler. Viele Leute trinken auch Bier, wenn es nichts
zu feiern gibt. Wir müssen die Treppe runter."

Papa nimmt Paul an die Hand und sie nehmen die
Stufen hinunter zum Bahnsteig. „In zwei Minuten
kommt die S-Bahn. Möchtest du einen Schluck trinken?"
Er kramt Pauls Trinkflasche aus seiner Tasche und
reicht sie ihm.

„Habt ihr eigentlich schon einen Namen für eure Rakete?"

„Prost", sagt Paul und trinkt.

„Prost", sagt Papa.

„Nein", sagt Paul. „Die Rakete soll ‚Prost' heißen."

„Wieso denn das?", fragt Papa.

Die S-Bahn kommt. Paul steigt mit der Flasche in der Hand hinter Papa ein und sie suchen sich einen Platz. Paul deutet auf seine Flasche. „Weil sie die Form von einer Flasche hat."

Jetzt holt Papa seine eigene Wasserflasche aus der Tasche und will trinken.

„Halt!", sagt Paul. Er zeigt auf ein Schild mit einer durchgestrichenen Flasche. „Hier darf man doch nicht trinken."

„Das gilt für Bier. Wasser trinken darf man."

Er hält Paul die Flasche hin und sie stoßen an.

„Dann Prost, auf eure Rakete!" Papa nimmt einen großen Schluck. „Was wollt ihr denn auf dem Mond eigentlich machen?"

„Feiern", sagt Paul. „Dass wir mit der Schule fertig sind."

Müllmann

„Du siehst ja aus wie ein Mönch", sagt Papa, als Paul in
die Küche kommt.

„Wie ein Mönch?", fragt Paul und guckt an sich runter.

„Ich bin ein Müllmann."

Papa lacht. „Ach so, ein Müllmann. Buddhistische
Mönche tragen Gewänder aus orangefarbenen Tüchern."

„Ich hab in meinem Kleiderschrank nichts oranges gefunden", erklärt Paul. „Da hab ich das Tuch von Mama
genommen. Aber jetzt geh mal zur Seite. Ich muss an den
Müll ran." Paul öffnet die Tür unter der Spüle und zieht
den Müll heraus.

„Vorsicht!", sagt Papa und nimmt ihm den Beutel ab.

„Gute Idee, den Müll mal zu leeren. Der ist ganz schön
voll."

Er macht einen Knoten rein und reicht den Beutel Paul. „Du kannst ihn vor die Tür stellen."

Paul hebt den schweren Müllsack hoch. „Nee, ich bringe ihn gleich runter. Ich glaube, ich habe unten gerade ein Müllauto gehört."

„Dann musst du dir aber noch was überziehen", sagt Papa und holt Jacke und Schuhe.

„Die sind aber nicht orange", meckert Paul. „Wieso sind Müllmänner und Müllautos eigentlich orange?"

„Ich denke mal, damit man sie besser sieht. Orange ist eine Signalfarbe", erklärt Papa. „Die Schuhe ziehst du auf jeden Fall an, sonst siehst du wirklich aus wie ein Mönch. Müllmänner tragen sogar Sicherheitsschuhe mit Stahlkappen."

„Okay", sagt Paul und zieht sich die Schuhe an. „Jetzt aber schnell!"

Zusammen tragen sie den Müllbeutel nach unten. Paul öffnet die Haustür und blickt auf ein orangefarbenes Müllauto.

„Ah, da kommt noch Nachschub", sagt einer der Müllmänner, als er Paul mit dem Müllsack sieht. „Willst du den Beutel selbst in die Klappe werfen?"

„Darf ich?", fragt Paul.

„Klar", sagt der Müllmann. „Aber halt besser die Luft an.

Es stinkt ganz schön, wenn man es nicht gewohnt ist."
Der Müllmann zeigt Paul, wie die Klappe funktioniert
und wo man die Mülltonnen einhängen kann. Paul
schaut zu und holt dann japsend Luft.
„Wo kommt der Müll dann hin?", fragt er und hält sich
gleich danach die Nase zu.
„Auf die Mülldeponie", sagt der Müllmann und lacht.
„Da stinkt es noch viel mehr. Aber jetzt müssen wir
weiter. Noch mehr Müll einsammeln."
Der Müllmann stellt sich hinten auf das Trittbrett und
gibt dem Fahrer ein Zeichen. Dann fährt das Müllauto
los. Paul schaut fasziniert zu.
„Und, möchtest du später Müllmann werden?", fragt
Papa.
Paul lässt seine Nase los. „Ich glaube, der ganze Müll
stinkt mir zu doll. Vielleicht werde ich lieber Mönch.
Was machen die eigentlich?"
Papa schließt die Haustür auf und sie gehen wieder die
Treppen hoch. „Die beten vor allen Dingen und sam-
meln Almosen, also Geld und Essen. Dabei müssen sie
ganz ruhig sein."
„Das ist mir zu langweilig. Dann werde ich lieber
Polizist. Mach schnell auf, ich brauche meine Polizei-
uniform."

Der Popo von Gott

„Wie groß ist eigentlich der Popo von Gott?", fragt
Paul, als sie mit dem Fahrrad durch die Stadt fahren.
„Der Popo von Gott?", fragt Papa nach.
„Ja. Gott muss doch riesengroß sein, wenn er auf die
ganze Welt aufpasst. Dann muss sein Popo auch riesengroß sein", sagt Paul.
Papa hält an einer Ampel und dreht sich zu Paul um,
der hinten im Kindersitz sitzt. „Ob es Gott gibt, weiß
man ja eh nicht. Und wie er aussieht, auch nicht. Manche glauben an ihn, manche nicht." Er zuckt mit den
Schultern.
„In meinem Bilderbuch ist ein Bild drin.
Da sitzt Gott auf einer ganz
großen Wolke und guckt auf
die Erde runter",
sagt Paul.

Die Ampel schaltet auf Grün und Papa fährt weiter. Er zeigt in den Himmel. „Guck mal, heute ist der Himmel ganz wolkenlos. Wo soll Gott denn da sitzen?"

„Er muss ja nicht immer hier bei uns sein", sagt Paul. „Die Welt ist doch groß."

„Das stimmt", sagt Papa und tritt kräftig in die Pedale, weil die Straße ein bisschen ansteigt. „Und es würde erklären, warum er manchmal nicht so gut aufpasst." Er stöhnt. „Puh, ganz schön anstrengend."

Sie biegen links ab, müssen noch an zwei Ampeln halten, dann sind sie da. Papa steigt ab und wischt sich den Schweiß von der Stirn. Er hebt Paul aus dem Kindersitz. Wieder stöhnt er. „Du wirst immer schwerer, Paul. Und dein Popo wird auch immer größer. Lange passt du nicht mehr in den Kindersitz. Wir müssen mal wieder Rad fahren üben."

„Okay", sagt Paul und nimmt seinen Helm ab. „Aber nur wenn's regnet."

„Wieso denn das?", fragt Papa nach. „Ist doch blöd, bei Regen zu üben."

„Aber dann sind große Wolken da", sagt Paul und läuft vor. „Dann hat Gott genug Platz und kann aufpassen, dass mir nichts passiert." Er dreht sich zu Papa um. „Kommst du?"

Besucherterrasse

Klick! Paul wirft Münzen in den Automaten am Flug-
hafen. Er nimmt zwei Tickets aus dem Fach heraus und
hält sie Papa hin.

„Na, dann los!", sagt Papa und steckt die Tickets in die
Hosentasche. „Hier geht's zur Besucherterrasse."
Sie folgen den Schildern, bis sie zu einer Sicherheits-
kontrolle gelangen.

„Warum müssen wir denn da durch?", fragt Paul. „Wir
wollen doch nur gucken und nicht fliegen."
Papa nimmt seinen Rucksack ab und legt ihn in eine
Plastikschale. „Sie müssen kontrollieren, dass wir nichts
Gefährliches dabeihaben, eine Bombe oder so." Die
Schale stellt er auf ein Fließband.

Jetzt winkt ein Sicherheitsbeamter, dass sie durch das
Tor gehen sollen. Paul und Papa gehen gleichzeitig los,
doch dann ruft er: „Bitte einzeln durchtreten."

„Warte hier", sagte Papa und geht vor. Er tritt durch
den Bogen und wird von dem Sicherheitsbeamten
anschließend kurz abgetastet. Dann winkt der Mann
Paul heran, während Papa seinen Rucksack vom Band
nimmt.

Paul geht langsam durch das Tor. Es piept und der Sicherheitsbeamte ruft: „Halt!"

Paul bekommt Angst. Hat er etwas falsch gemacht?

„Noch einmal", sagt der Sicherheitsbeamte.

Paul geht ein paar Schritte zurück und tritt dann noch
einmal durch den Bogen. Wieder piept es.

„Hast du etwas in deinen Hosentaschen?", fragt der
Mann.

Paul zuckt mit den Schultern, dann greift er mit den
Händen in die Taschen und zieht ein kleines gelbes
Tankauto hervor.

„Ah!", sagt der Mann. „Das ist aus Metall. Deshalb hat
es gepiept. Aber ein Spielzeugauto ist ja nicht gefährlich, du kannst zu deinem Vater gehen."

Paul läuft erleichtert zu seinem Papa und sie gehen
eine Treppe zur Besucherterrasse hinauf.

Oben zeigen sie ihre Tickets vor, dann treten sie durch eine Tür. Draußen ist es windig und laut. Papa hebt Paul hoch, sodass er über die Brüstung schauen kann.

„Guck mal, da startet ein Flugzeug!", ruft Paul aufgeregt. „Und das da wird betankt."

Papa zeigt nach links. „Da ist gerade eins im Landeanflug. Das ist eine A380, das ist das größte Passagierflugzeug, das es zurzeit gibt."

„Wow", staunt Paul. „Das ist echt riesig."

Papa und Paul beobachten, wie das Flugzeug auf dem Boden aufsetzt und bremst. Dann rollt es noch weiter über das Rollfeld, bis es schließlich anhält. Von allen Seiten kommen Fahrzeuge angefahren. Gepäckwagen, die die Koffer transportieren, Follow-me-Cars und ein Tankauto.

„Wie klein der Tankwagen neben dem Flugzeug aussieht." Paul holt sein Auto aus der Hosentasche. „Fast so klein wie mein Spielzeugauto."

„Das stimmt", sagt Papa. „Das Flugzeug ist aber auch wirklich groß. Siehst du die zwei Reihen von Fenstern? Die Passagiere sitzen in zwei Etagen übereinander im Flugzeug. Ungefähr 800 Leute passen da rein."

Paul und Papa gucken noch eine ganze Weile, bis sie die Terrasse wieder verlassen. Sie gehen die Treppe

hinunter und folgen den Schildern zur Bushaltestelle.
Als ihr Bus kommt, steigen auch viele andere Leute ein,
sodass sie keinen Sitzplatz mehr bekommen.

„Ich will aber nicht stehen", mault Paul.

„Da kann man jetzt nichts machen. Die ganzen Leute,
die mit den Flugzeugen hier landen, müssen ja auch
irgendwie in die Stadt kommen", sagt Papa.

Paul schaut sich um. „Meinst du, die saßen alle gerade
in dem großen Flugzeug?"

„Kann gut sein", sagt Papa. „Ich höre Leute, die
Englisch reden und Französisch. Und dahinten sprechen
welche Spanisch."

Der Bus kommt nur stockend voran. Überall um sie
herum sind Taxis.

„So viele Taxis auf einmal habe ich noch nie gesehen",
sagt Paul. Plötzlich schiebt sich ein großes Fahrzeug
vor die Fenster des Busses. „Ein Tankauto!" Paul zeigt
hinaus. „Das ist bestimmt der Tankwagen vom Flugha-
fen. Ein Zaubertankwagen." Paul holt sein Spielzeugauto aus der Hosentasche und hält es vor die Scheibe.
„Plötzlich ist er wieder riesengroß!"

Wiedersehensfreude

„Paul, hier!" Papa winkt heftig, als er Paul auf dem vollen Bahnsteig entdeckt. Paul entdeckt Papa ebenfalls, strahlt und will loslaufen. Doch Oma hält ihn an der Kapuze fest.

Papa rennt auf die beiden zu und schließt Paul in seine Arme. „Na, mein Großer, wie war's alleine bei Oma und Opa?"

„Toll! Nächstes Mal will ich vier Tage bleiben!"

„Es war super", sagt Oma und begrüßt Papa. „Ging alles ganz reibungslos."

Papa freut sich. „Echt? Dann machen wir das öfter. Paul, jetzt musst du dich aber von Oma verabschieden. Wir müssen schnell unseren Zug erwischen. Und Oma muss auch wieder nach Hause zurückfahren."

Oma drückt Paul und gibt Papa die Reisetasche mit den Sachen. „Das mit der Übergabe in der Mitte war eine gute Idee. Euch noch eine gute Fahrt!"

Paul und Papa gehen auf die andere Seite des Gleises und steigen dort in den ICE. Kaum sind sie drinnen, schließen auch schon die Türen. „Das war knapp. Wieso hattet ihr eben eigentlich Verspätung?"

„Ich glaube, ein kaputter Güterzug stand auf den
Gleisen", sagt Paul.
Sie gehen durch den Zug und suchen nach freien Plätzen, doch alles ist voll. Als sie zum Bordbistro kommen,
beschließt Papa: „Wir bleiben einfach hier und bestellen
uns eine Limo. Dann können wir auf unser Wiedersehen
anstoßen."

„Au ja!", ruft Paul begeistert und klettert auf einen frei-
en Stuhl. Papa holt die Limoflaschen und sie stoßen an.

„Prost!", sagt Papa. „Auf dich, mein Großer. Ich bin
richtig stolz, dass du allein bei Oma warst."

„Prost", sagt Paul und nimmt einen Schluck. „Wieso?
Opa war doch auch da."

„Na ja, ohne deine Eltern." Papa nimmt jetzt auch einen
Schluck. „Wie war's denn und was habt ihr gemacht?"

„Wir haben eine Vogelscheuche im Garten gebaut
und ein richtiges Tipi, in dem wir dann auch gegessen
haben", erzählt Paul begeistert.

„Das klingt ja toll!", sagt Papa. „Apropos essen: Mama
hat dein Lieblingsessen gekocht und wartet schon ganz
sehnsüchtig auf dich."

„Super!", freut sich Paul. „Wann sind wir denn da?"
Papa guckt auf sein Handy. „Eine Stunde dauert es
noch. Du kannst mir ja noch ein bisschen vom Urlaub
erzählen."

Paul nimmt den letzten Schluck aus seiner Flasche. „Ich
hab doch schon alles erzählt. Ich will was malen! Für
Mama."

Am Tresen holen sie sich Buntstifte und Papa findet
noch Papier in seiner Tasche. Paul malt ein Tipi, Bäume
mit Früchten dran und eine Frau.

„Ist das Mama?", fragt Papa.

Paul lacht. „Nein, die Vogelscheuche."

„So einen Hut hatte Mama aber früher manchmal auf",
verteidigt sich Papa.

„Oma hat für die Vogelscheuche alte Klamotten genommen, die sie wegschmeißen wollte. Hilfst du mir mit den
Armen?"

Zusammen malen sie das Bild fertig. Dann kommen sie
auch schon am Hauptbahnhof an. Mit der Tram fahren
sie nach Hause und Paul rennt die fünf Stockwerke
hoch, so schnell er kann.

Mama steht in der offenen Tür und nimmt Paul in die
Arme.

„Ich hab dich vermisst, du warst ganz schön lange weg",
sagt sie.

Paul holt das Bild aus seinem Rucksack. „Hier, das habe
ich für dich gemalt."

Mama schaut sich das Bild an. „Toll, ist das bei Oma und
Opa im Garten? Und ist das Oma?"

Paul und Papa schauen sich an und müssen lachen.

„Nein, das ist eine Vogelscheuche, die Paul mit Oma
gebaut hat", erklärt Papa. „Ist das Essen fertig?"

„Na klar", sagt Mama und geht in die Küche. „Und im
Wohnzimmer wartet eine Überraschung auf dich!"

Aufgeregt läuft Paul ins Wohnzimmer und entdeckt ein
Tipi. „Toll!", ruft er. „Dann weiß ich schon, wo wir essen!"
„Das ist doch viel zu klein!", wendet Papa ein, während
Paul im Zelt verschwindet.
Paul schaut aus der Luke heraus. „Das bei Oma war
auch nicht größer und da haben wir auch zu dritt drin
gegessen."
Mama und Papa schauen sich an. „Na gut, aber nur
heute, weil wir unser Wiedersehen feiern", sagt Mama.
„Cool", sagt Paul. „Wiedersehensfeiern sind spitze!
Wann kann ich wieder zu Oma und Opa fahren?"

Kühlschrankauto

„Papa, guck mal, was ich gebaut habe." Paul hält Papa
ein Auto aus Lego hin. „Die Tür ist vorne. Super, oder?"
„Klasse", sagt Papa. „Sieht aus wie ein Auto, das es
früher wirklich gab. Die Isetta. Da konnte man vorne
die Tür wie bei einem Kühlschrank aufklappen."
„Wie bei einem Kühlschrank, haha." Paul lacht. „War
es da drin dann auch genauso kalt?"
„Im Winter schon", sagt Papa. „Die Isetta hatte
nämlich keine Heizung. Aber auch keine Klimaanlage.
Daher war's im Sommer sehr warm. Besonders in
Italien, wo das Auto herkam."
„Mir ist auch warm", sagt Paul.
Papa steht auf und öffnet das Dachfenster. „Besser
so?", fragt er.
„Etwas", sagt Paul. „Ein Eis würde helfen."
Papa blickt kurz auf. „Schau doch mal im Eisfach nach,
ob noch was da ist."
Paul geht zum Kühlschrank und öffnet die Tür vom Eis-
fach. „Jepp", sagt er vor sich hin und schnappt sich die
beiden Eis am Stil, die darin neben Spinat und Fisch-
stäbchen liegen.

„Hier, Papa. Kannst du mir das Papier abmachen?" Paul reicht ihm beide Eis. Papa öffnet die Verpackung und gibt ihm ein Eis zurück.

Vergnügt lässt Paul sich auf den Teppich fallen.

„Mist", sagt er und zieht etwas unter seinem Po hervor. „Jetzt hab ich mich auf das Auto gesetzt." Mit einer Hand versucht er, die abgefallene Hinterachse wieder zu befestigen.

„Mach doch hinten nur ein Rad dran", schlägt Papa vor. „So war das bei der Isetta früher auch."

Paul gibt Papa sein Eis zum Halten und probiert es aus.

„Das sieht aber komisch aus. Nee, zwei Räder hinten sind besser."

„Das fanden die Deutschen auch. Ein deutscher Motorradhersteller hat den Italienern nämlich die Isetta abgekauft und sie mit vier Rädern gebaut. Das wurde dann das erfolgreichste Auto der 50er-Jahre. Meine Tante Elke hatte auch eine Isetta."

„Cool", sagt Paul und schleckt sein Eis weiter. „Bist du mal damit gefahren?"

„Ja, als ich so alt war wie du jetzt. Es gab nur eine Sitzbank, keine einzelnen Sitze wie heute. Ich saß in der Mitte zwischen Tante Elke und Oma, das hat Spaß gemacht."

Paul setzt zwei Legomännchen in sein Auto, eine Frau
und einen Mann.

„Die Isetta hat man damals auch Knutschkugel genannt", erzählt Papa weiter.

„Warum denn das?", fragt Paul.

„Weil man auf der Sitzbank so gut knutschen konnte,
glaube ich", sagt Papa.

„Iiieh", sagt Paul und nimmt die Legofrau wieder heraus.
Stattdessen setzt er ein Taxischild oben aufs Dach. „Mein
Kühlschrankauto ist ein Taxi."

„Isetta-Taxis gab's damals nicht", sagt Papa und leckt den Eisstil ab. „Aber als Polizeiautos wurden sie benutzt."

Paul guckt erstaunt hoch. „Da passen doch gar keine Räuber rein!"

Papa lacht. „Räuber vielleicht nicht, aber als Streifenwagen war das Auto groß genug." Er setzt statt des Taxischilds ein Blaulicht aufs Dach. „Und jetzt hinterher. In meinem Auto sitzen nämlich die Räuber. Und sie sind verdammt schnell."

Paul legt seinen Eisstil beiseite und los geht die Verfolgung. „Tatütata, die Kühlschrank-Polizei ist da!"

Ganz oder gar nicht

Marlene aus Pauls Kindergarten düst
mit ihrem Fahrrad an Paul und Papa vorbei.
„Ätsch, ich bin schneller!", ruft sie.
Paul sitzt hinten im Fahrradsitz und spornt
Papa an. „Los, beeil dich, wir müssen
sie einholen."
Papa tritt in die Pedale. Als sie Marlene
eingeholt haben, prahlt Paul: „Mein Fahrrad ist aber
viel schneller als deins."
„Dein Fahrrad steht im Keller und bewegt sich über-
haupt nicht", wendet Papa ein. „Du hast eine ganz
schön große Klappe."
„Wenn ich fahren würde, dann wäre ich aber schnel-
ler", ist sich Paul sicher. „Mein Fahrrad ist nämlich ein
Rennrad mit Turboantrieb."
Sie halten an der Straßenecke und warten auf Marlenes
Vater, der japsend hinterherhechtet. Er zwinkert
Paul zu. „Na, ist es gemütlich da hinten?"
Paul rutscht ein bisschen hin und her. „Ja. Hier kann man
gut trainieren."
„Trainieren?", fragt er nach. „Was denn trainieren?"

„Rad fahren", erklärt Paul. „Ich schaue mir an, wie das geht. Und wenn ich dann selbst fahre, bin ich schneller als alle anderen."

Papa schiebt nun das Rad und dreht sich zu Paul um.

„Wie wär's, wenn du erst mal langsam fährst und dann nach und nach immer schneller?"

Marlene fällt vor ihnen mit dem Fahrrad um, steigt aber gleich wieder auf und fährt weiter.

Paul beobachtet sie. „Wenn man langsam fährt, fällt man so oft um. Ich fahr lieber schneller", erklärt er den beiden Vätern. „Aber jetzt noch nicht."

„Aha", sagt Papa. „Ganz oder gar nicht. Und so lange darf ich dich kutschieren."

„Weißt du, Papa", meint Paul, „wir können uns viel besser unterhalten, wenn ich hier hinten sitze. Dir wird bestimmt langweilig, wenn ich selber fahre."

Marlene fällt wieder mit dem Rad hin, steigt aber dieses Mal nicht gleich wieder auf. Ihr Vater sprintet zu ihr.

„Langweilig wird mir dann bestimmt nicht", sagt Papa. „Wenn ich dir dauernd aufhelfen muss."

„Musst du ja nicht", sagt Paul. „Und jetzt Ruhe: Ich muss noch ein bisschen trainieren."

Kreisverkehr

Paul nimmt die letzte gebogene Schiene und schließt
den Kreis. Dann setzt er Lok und Waggons auf das
Gleis und schaltet den Motor der Lok ein.
„Tuff, tuff, tuff, die Eisenbahn, wer will mit zur Oma
fahren?", singt Paul und schaut dem Zug zu, wie er
rundherum fährt. „Alleine fahren mag ich nicht, da
nehm ich mir den Papa mit."
Papa blickt von der Zeitung auf. „Wenn wir immer im
Kreis fahren, kommen wir ja nie bei Oma an."
„Doch. Wenn der Zug fünf Mal rumgefahren ist, sind
wir bei Oma", sagt Paul.

„Hmm, das kann doch nicht funktionieren." Papa legt die Zeitung beiseite. „Wenn wir an der gleichen Stelle aussteigen, sind wir wieder zu Hause."

„Bei mir ist das aber anders", sagt Paul und hängt, als der Zug an ihm vorbeifährt, noch einen weiteren Waggon dran.

„Wir wollten doch immer mit der Ringbahn einmal im Kreis fahren", sagt Papa und steht auf. „Lass uns das doch jetzt machen! Dann siehst du auch, dass wir wieder zu Hause ankommen, wenn wir einmal rundherum gefahren sind."

„Au ja!", sagt Paul und springt auf. Der Zug fährt weiter.

„Mach die Lok noch aus, sonst sind die Batterien alle, wenn wir zurück sind."

Paul schaltet den Zug aus und zieht Schuhe und Jacke an. In fünf Minuten sind sie am S-Bahnhof. Kaum haben sie ein Ticket für Papa am Automaten gekauft, fährt auch schon die Ringbahn ein. Paul und Papa suchen sich einen leeren Viererplatz und setzen sich in Fahrtrichtung.

Nach ein paar Stationen sagt Paul: „Wir fahren doch geradeaus und nicht im Kreis!"

„Der Kreis ist so groß, dass du es nicht merkst", erklärt Papa und zeigt auf den Netzplan. „Komm, wir zählen mal, wie viele Stationen es sind, bis wir einmal rum sind."

„Fünfundzwanzig, sechsundzwanzig", zählt Paul.

Ein Mann mit einem Hund setzt sich gegenüber von ihnen hin.

„Sechs haben wir schon, kommen also noch zwanzig", sagt Papa.

„Puh, das dauert ja noch ewig", stöhnt Paul.

„Genau eine Stunde", sagt der Mann gegenüber.

„Was?", fragt Paul nach.

„Einmal im Kreis dauert genau eine Stunde", erklärt der Mann. „Jetzt sind wir gleich bei der Schnauze."

Paul schaut vom Hund zu Papa und schließlich fragend den Mann an.

„Die Strecke ist nicht ganz kreisförmig, aber auch nicht so oval wie auf dem Plan dort. Die Gleise haben die Form eines Hundekopfs." Er holt sein Smartphone heraus, sucht einen Moment und zeigt Paul dann eine Karte.

„Stimmt!", sagt Paul, „das ist wirklich ein Hundekopf!"

Papa beugt sich neugierig vor. „Oh ja, das wusste ich auch nicht. Wo sind wir jetzt genau?"

Der Mann deutet auf einen Punkt an der unteren Seite der Schnauze. „Hier."

Die S-Bahn hält und der Hund fängt an zu bellen.

Der Mann beruhigt ihn und erzählt Paul und Papa,
dass der S-Bahn-Ring lange Zeit nicht geschlossen war.
Die Türen gehen wieder zu und der Zug fährt weiter.
Plötzlich schaut der Mann auf und sieht aus dem Fens-
ter. „Auweia, jetzt habe ich meine Station verpasst.
Deswegen hat Charly gebellt."

„Sie können doch einfach einmal im Kreis fahren",
schlägt Paul vor.

„Gute Idee", sagt der Mann und steht auf. „Aber ich
steige lieber an der nächsten Station aus und fahre zurück. Sonst komme ich ja erst in einer Stunde an."

„Schade", sagt Papa. „Ihre Geschichten über die
S-Bahn waren interessant."

„Gute Weiterfahrt noch!", sagt der Mann und steigt
beim nächsten Halt mit seinem Hund aus.

Paul winkt. „Tschüss, Charly!", ruft er ihnen hinterher.
Die S-Bahn fährt weiter.

„Tuff, tuff, tuff, die Eisenbahn, wer will mit zur Oma
fahren?", singt Paul. „Alleine fahren will ich nicht, da
nehm ich mir den Charly mit."

„Das ist 'ne gute Idee", sagt Papa. „Denn wenn du
auf Charly hörst, steigst du garantiert immer an der
richtigen Station aus."

Auf leisen Sohlen

„Und jetzt noch die Kriegsbemalung und den Kopfschmuck, dann bist du fertig." Mama holt die Schminke
und malt Paul Streifen ins Gesicht. Schließlich setzt sie
ihm den Federschmuck auf den Kopf. „Perfekt. Wie ist
denn dein Indianername?"
Paul guckt sich im Spiegel an, streicht sich über seine
braune Hose und das Hemd, das aussieht wie aus
Büffelleder, und strahlt. „Leise Sohle."
„Das ist gut!", sagt Papa. „Leise Krieger können sich
gut anschleichen. Und jetzt los zum Kindergarten,
sonst fängt die Faschingsfeier ohne dich an."
Papa streift ihm eine Jacke über und tauscht den Kopfschmuck gegen den Fahrradhelm. Im Eiltempo düsen
sie die fünf Stockwerke nach unten und holen das
Fahrrad aus dem Hof. Papa tritt kräftig in die Pedale, sodass die Fransen an Pauls Hose um seine Beine flattern.
Gegenüber vom Kindergarten hält Papa an und
schließt das Fahrrad ab. Paul geht zwischen zwei par-
kenden Autos hindurch, bis Papa „Warte!" ruft.
„Du sollst doch nicht allein über die Straße laufen",
schimpft er.

Gemeinsam gehen sie ein paar Schritte vor und wollen gerade auf die Straße treten, als ein Auto fast lautlos an ihnen vorbeifährt. Erschrocken weicht Papa zurück und zieht Paul mit sich.

„Oh Mann, das Auto war aber leise. Ich hab's gar nicht kommen gehört, du etwa?"

Paul schüttelt den Kopf und beide schauen dem Auto
nach.

„Das war bestimmt ein Elektroauto", sagt Papa.

„Ein was?", fragt Paul nach.

„Ein Elektroauto", erklärt Papa. „Die fahren mit Strom.
Gerade in Städten ist das super, weil sie so wenig Lärm
machen und kein Benzin brauchen. Das ist besser für
die Umwelt. Aber man muss auch ganz schön aufpassen, weil man sie einfach nicht so gut hört."

Sie schauen nach links und rechts und überqueren die
Straße. „Jetzt siehst du, wie wichtig es ist, genau zu
gucken", sagt Papa.

Paul läuft vor zum Eingang des Kindergartens, stößt
die Tür auf und rennt zur Garderobe seiner Gruppe.
Als Papa dort erscheint, hat Paul bereits Jacke und
Schuhe ausgezogen. Papa nimmt ihm den Fahrradhelm
ab und holt den Kopfschmuck aus seiner Tasche. „Hier,
Leise Sohle. Noch Pfeil und Bogen, fertig. Wie geht der
Indianerkampfruf?"

Paul nimmt die Hand vor den Mund und macht ganz
leise „Uhuhuhuh".

„Geht das nicht lauter?", fragt Papa.

„Ich bin doch ein leiser Krieger", flüstert Paul und
rennt zum Gruppenraum.

Es wird immer lauter. Paul schleicht sich an. Als er
plötzlich vor seiner Erzieherin steht, schrickt diese
zusammen. „Paul, ich hab dich gar nicht gesehen. Und
auch nicht gehört!"

„Ich bin ja auch Leise Sohle", sagt Paul im Flüsterton
und hält Pfeil und Bogen hoch.

„Aber auch nicht ganz ungefährlich, wie ich sehe",
sagt die Erzieherin. „Kinder, nehmt euch in Acht vor
Leise Sohle. Er schleicht sich an."

Papa erscheint in der Tür und winkt Paul zum Abschied
zu. Hören kann er ihn eh nicht, so laut ist es.

„Tolles Kostüm", ruft die Erzieherin Papa über den
Radau hinweg zu.

„Schade, dass wir heute nicht mehr Leise Sohlen hier
haben."

Fundsachen

„Bücher sind doof", sagt Paul. „Weil sich da die Bilder nicht bewegen. Ich will einen Film sehen."

„Nicht schon wieder", sagt Papa. „Ich lese dir was vor oder wir gehen raus."

„Ich will aber Bilder, die sich bewegen", mault Paul.

„Dann mach doch deine Augen zu und stell dir was vor, während ich lese", sagt Papa und deutet auf das Buch auf seinen Knien.

„Das funktioniert nicht", meckert Paul weiter.

„Weißt du, dass das Buch früher mir gehört hat? Ich habe mal einen 20-Mark-Schein vor unserem Haus auf der Straße gefunden. Eigentlich muss man gefundene Sachen ja zum Fundbüro bringen, aber da zwanzig D-Mark nicht so viel waren, hat Oma gesagt, ich darf mir ein Buch davon kaufen. Und dann hab ich das hier genommen. Es ist über einen Jungen, der sich eine Rakete baut und damit zum Mond fliegt." Papa streicht über den Einband. „Ich habe es geliebt."

Paul setzt sich aufrecht hin. „Ich will doch lieber raus. Ich will auch Geld finden. Dein Buch können wir ja später lesen."

Die beiden ziehen sich an und gehen raus auf die
Straße. Paul sucht den Boden ab. Er sieht Hunde-
haufen, eine Bananenschale und eine zerfledderte
Zeitung, aber keinen Geldschein.

„Lass uns im Hof gucken", schlägt Papa vor.

Im Hof finden sie zwar auch kein Geld, aber beim
Papiercontainer entdeckt Paul einen riesigen läng-
lichen Karton.

„Daraus bauen wir eine Rakete", ruft er. „Und mit der
fliege ich dann zum Mond. Wie der Junge aus deinem
Buch!"

Sie schleppen den riesigen Karton zu zweit die
Treppen hoch in den fünften Stock. Paul räumt schnell
den Boden seines Zimmers frei, dann holen sie Schere
und Klebeband und beginnen mit der Arbeit. Vorne
entsteht eine Spitze und in der Mitte ein Sitz, der so
groß ist, dass Paul darauf Platz hat. Mit bunten Stiften
malt er Lichter auf die Rakete.

„Fertig!", sagt Paul schließlich. Und Papa nickt
anerkennend.

Paul holt seinen Fahrradhelm und setzt sich in die
Rakete. Sie bereiten alles zum Start vor. Paul wackelt
in der Rakete gefährlich hin und her und er muss sich
gut festhalten.

„Ich sehe schon den Mond", ruft er und zeigt auf die runde Papierlampe, die an der Decke hängt. Als er auf dem Mond angekommen ist und die Rakete verlässt, ruft Papa: „Halt dich am Regal fest! Sonst fliegst du weg! Die Schwerkraft ist auf dem Mond nämlich kleiner."

Paul hangelt sich vom Regal zum Bett. „Das kann nicht sein. Ich fühle mich auf jeden Fall plötzlich ganz schwer." Er klettert in das Bett hinein und legt sich hin. „Und müde. Meinetwegen können wir jetzt dein Buch lesen."

Grüne Ente

„Zwick, grüne Ente!", ruft Papa und kneift Paul in den
Arm.

Paul sieht Papa böse an und reibt sich die schmerzende
Stelle. „Aua, was soll das denn?"

Papa zeigt triumphierend auf ein komisches kleines
grünes Auto. „Eine Ente! Und auch noch in grün! Hab
ich ewig nicht mehr gesehen."

„Häh?", macht Paul.

Papa zieht Paul über die Straße Richtung Bäcker. „Das
war ein bestimmter Citroën, von allen Ente genannt",
erklärt er. „Das Auto gab es früher ziemlich oft. Und
wenn man als Erster eine grüne Ente gesehen hat,
durfte man jemanden zwicken."

Paul guckt immer noch böse. „Was ist das denn für eine blöde Regel?"

„Das haben alle gemacht. Man musste nur schnell sein. Du glaubst nicht, wie doll Peter, Martin und ich uns früher gekniffen haben. Wir hatten richtig blaue Flecken." Papa lacht.

Sie kommen beim Bäcker an und steigen die zwei Stufen hoch in den Laden.

„Zwei normale Brötchen und drei Vollkorn", bestellt Papa.

Der Bäcker packt die Brötchen in eine Tüte und reicht sie Papa über den Tresen.

„Und für dich noch was kleines Süßes", sagt der Bäcker zu Paul und greift mit der Zange in ein großes Glas.

Paul hält die Hand hin.

„Ein Frosch, danke!"

„Schade, dass es keine Ente ist", sagt er im Hinausgehen zu Papa und schiebt sich den Frosch in den Mund.

„Dann könnte ich dich jetzt kneifen."

„Wir können uns ja was Neues ausdenken, weil es kaum noch grüne Enten gibt", schlägt Papa vor.

„Zwick, blaues Cabrio", sagt Paul und zwickt Papa in den Arm. „Da!"

Papa reibt sich den Arm und guckt dem vorbeifahrenden

Cabrio hinterher. „Aber Cabrios sieht man ja nur im Sommer", wendet er ein.

„Dann kann man auch besser kneifen", sagt Paul. „In die nackten Arme."

„Abgemacht. Zwick, blaues Cabrio", sagt Papa. „Passt eigentlich auch viel besser zu den blauen Flecken."

Kribbeln im Bauch

„Fünfte Reihe links", sagt die Stewardess. Sie gibt Papa und Paul die Karten mit den Sitzplatznummern wieder. „Viel Spaß auf der Insel. Und einen guten Flug."

„Hier ist es", sagt Papa und deutet auf zwei Sitzplätze. „Rutsch mal durch ans Fenster."

„Cool", sagt Paul, als er aus dem Fenster guckt. „Hier kann man alles sehen. Gerade werden die Koffer eingeladen!"

„Hoffentlich unsere auch. Schade, dass Mama nicht dabei ist. Aber sie kommt ja in zwei Tagen nach." Papa versucht, es sich auf dem engen Sitzplatz gemütlich zu machen.

„Wann fliegen wir los?", fragt Paul.

„Wenn alle eingestiegen sind, auf ihren Plätzen sitzen und das Gepäck verstaut ist", sagt Papa. „Bestimmt ist es gleich so weit."

„Wenn du gleich sagst, dauert es immer noch vierzig Minuten", mault Paul.

„Hoffentlich nicht", sagt Papa und nimmt eine Zeitschrift aus der Ablage vor sich. „Guck mal, so sieht es auf der Insel aus!"

Paul beugt sich zu Papa hinüber. „Cool, auf so einem Riesentrampolin mit Seilen will ich auch springen. Huiii!"

„Das ist ein Bungee-Trampolin. Bungee-Jumping an solchen Seilen, aber von einer Brücke hinunter, haben eine Zeitlang alle gemacht", sagt Papa. „Für mich ist das nichts, dafür habe ich zu große Höhenangst. Aber jetzt: pssst." Er deutet nach vorne, wo eine Stewardess die Sicherheitshinweise erklärt und zeigt, wie man eine Schwimmweste aufbläst.

„Wieso hast du dann im Flugzeug keine Angst?", flüstert Paul.

„Das ist was anderes", wispert Papa. „Ein Flugzeug ist so groß, da merkt man nicht, dass man so weit oben ist." Die Stewardess ist fertig und geht nun durch den Mittelgang, um die Anschnallgurte zu kontrollieren. Dann setzt sich das Flugzeug in Bewegung. Es rollt langsam, bis es sich auf dem Rollfeld in Startposition befindet. Beim Start nimmt Paul Papas Hand. Als sie vom Boden abheben, muss Paul kichern, weil es im Magen so lustig kribbelt. Er schaut Papa an, aber der sieht ziemlich ernst aus, also guckt Paul lieber aus dem Fenster. Die Häuser werden immer kleiner und kleiner und nun drehen sie eine große Kurve und steigen immer weiter in die Höhe.

Nach einer Weile dürfen sie die Anschnallgurte lösen.
Zwei Stewardessen teilen Getränke aus. Paul nimmt
einen Orangensaft und sie bekommen noch ein paar
Nüsse dazu. Plötzlich leuchtet das Anschnallzeichen
wieder auf und das Flugzeug beginnt zu ruckeln.
„Was ist los?", fragt Paul. Er hat ein komisches Gefühl
im Bauch, aber diesmal muss er nicht kichern.
„Manchmal kommt es zu kleineren Turbulenzen. Wenn
es zum Beispiel ein Gewitter gibt oder plötzliche
Ab- und Aufwinde", erklärt Papa.
Die Turbulenzen werden stärker und Paul greift nach
Papas Hand. Im Flugzeug ist es jetzt ganz leise. „Keine
Angst", flüstert Papa.

Als das Flugzeug beim nächsten Mal ein Stück absackt und Paul wieder dieses komische Gefühl im Bauch hat, sagt plötzlich eine Kinderstimme vor ihnen „Huiiii!" und fängt laut an zu glucksen.

Paul und Papa gucken sich an und müssen auch lachen. „Das ist bestimmt das kleine Mädchen zwei Reihen weiter vorne", sagt Papa.

Wieder hören sie ein lautes „Huiiii!" und anschließendes Glucksen. Und bald lachen fast alle Passagiere mit. Pauls komisches Gefühl ist wie weggeblasen.

„Für das Mädchen ist das hier wie für andere Trampolinspringen. Hoffentlich dauert es trotzdem nicht so lange", sagt Papa. Das Flugzeug wird wieder ruhiger und die Anschnallzeichen gehen aus. „Puh, geschafft. Und bald landen wir dann auch schon."

„Gehen wir heute noch zum Strand?", fragt Paul aufgeregt. „Ich will aufs Bungee-Trampolin!"

„Hattest du heute nicht schon genug Turbulenzen?", fragt Papa erstaunt nach.

„Nein, ich will noch mehr Kribbeln und Hui", sagt Paul.

Papa seufzt. „Und ich dachte, wir legen uns gemütlich in den Sand."

Tretboot fahren

„Und jetzt: volle Kraft voraus!", ruft Papa. „Treten!" Paul
stemmt seine Füße in die Pedale und tritt, so schnell er
kann. „Super, weiter!", ermuntert ihn Papa.
Paul rutscht immer weiter auf dem Sitz nach vorne. Seine
Beine sind einfach zu kurz für das Tretboot. „Stopp!",
ruft er und nimmt die Füße von den Pedalen. „Ich kann
nicht mehr."
Papa wird langsamer. „Jetzt schon?"
„Meine Beine sind zu kurz", sagt Paul. „Du musst treten,
ich lenke." Er nimmt das Steuer in die Hand und Papa
tritt weiter. Sie fahren auf eine Gruppe von Enten zu.
„Vorsicht!", sagt Papa. „Andere Richtung. Wir wollen
doch keinen Entenbraten essen."
Die Enten fliegen schnatternd davon. Jetzt fahren sie auf
das Ufer zu. Papa reißt das Steuer herum.
„Du musst gegenlenken. Wenn nur ich trete, fahren
wir immer ein bisschen nach rechts." Er zeigt aufs Ufer.
„Lenk mal so, dass wir Richtung Brücke fahren."
Papa tritt und Paul lenkt. Er streckt seine Zunge heraus,
weil er sich so konzentrieren muss. Aber mit ein bisschen
Übung klappt es ganz gut.

Sie erreichen die Brücke und fahren darunter hindurch.
„Ui, ist es hier dunkel", sagt Paul. Plötzlich hören sie
wieder lautes Schnattern. Ein paar Enten stieben
auseinander. „Entschuldigung", ruft Paul,
„ich hab euch nicht gesehen."

Papa muss lachen. „Die Enten sind das bestimmt gewohnt. Die meisten Tretbootfahrer sind ja keine Profis. Aber manche Leute betreiben das als Sport. Es gibt sogar einen Rekord im 24-Stunden-Tretbootfahren. 24 Stunden sind ein ganzer Tag und eine ganze Nacht."

„Die ganze Nacht?", fragt Paul nach. „Da hätte ich aber Angst."

„Der Fahrer hat dann bestimmt einen Scheinwerfer an seinem Tretboot und ein etwas schnelleres Modell als das hier", schnauft Papa. „Ein bisschen weiter nach links, Paul."

Paul lenkt sie weiter unter der Brücke hindurch. Als sie wieder im Hellen sind, schaut Papa auf die Uhr. „Ein kleines Stück noch, dann drehen wir um. Wir haben das Boot ja nur für eine Stunde gemietet und nicht für einen ganzen Tag."

„Können wir eine kurze Pause machen?", fragt Paul.

„Klar", sagt Papa und zieht zwei Schokoriegel aus seiner Hemdtasche. „Sportlerverpflegung."

Sie lassen sich ein paar Minuten treiben. Dann drehen sie um und steuern wieder auf die Brücke zu. Kurz bevor sie zu der Brücke gelangen, ruft Paul: „Achtung, Enten, wir kommen!"

Und diesmal passieren sie die Brücke tatsächlich ohne

Entengeschnatter. Papa tritt noch einmal ordentlich in die Pedale, sodass sie das Bootshäuschen im Nu erreichen. Sie klettern aus dem Tretboot und Papa reibt sich den Po. „Ich hoffe, in so einem Sport-Tretboot sind die Sitze etwas gemütlicher."

Sie kaufen sich am Bootshäuschen Eis und Limonade und setzen sich ans Ufer. Zwei Enten sehen ihnen beim Eis essen zu. Nach und nach scharren sich immer mehr Enten um sie.

„Was wollt ihr?", fragt Paul und schaut dann auf sein Eis. „Ah, verstehe."

Er schleckt das Eis auf und zerbricht die übrig gebliebene Waffel in kleine Stücke. Die wirft er den Enten nach und nach zu. „Als Entschuldigung", sagt er, „weil wir euch vorhin so erschreckt haben."

Mit lautem Geschnatter stürzen sich die Enten auf die Krümel.

Andere Länder, andere Sitten

„Zum Bahnhof, bitte!", sagt Papa und das Taxi fährt los. „Möglichst schnell, wenn's geht."

Es ist schon lange her, dass Paul das letzte Mal Taxi gefahren ist.

Aber heute Morgen haben Paul und Papa verschlafen und nun müssen sie schnell zum Bahnhof, um den Zug zu Onkel Joni zu bekommen. Paul beobachtet das Taxameter, auf dem der Fahrpreis steht. Er ändert sich ständig.

„Wie viel kostet es jetzt?", fragt Paul.

„4,20 Euro", sagt Papa. „Bis zum Bahnhof sind es wahrscheinlich ungefähr 13 Euro."

Plötzlich bremst der Taxifahrer und hupt.

„Wieso hupt er?", fragt Paul.

„Ich weiß es nicht", sagt Papa. „Anscheinend staut es sich hier wegen einer Baustelle. Aber schneller geht's auch nicht, wenn man hupt."

„Ich komme aus Indien", sagt der Taxifahrer und dreht sich zu ihnen um. „Da hupt man andauernd. Das lernt man schon in der Fahrschule. Mann hupt, wenn man überholen oder jemanden grüßen will oder wenn man sich über die rote Ampel ärgert."

„Wirklich?", fragt Paul.

„Andere Länder, andere Sitten", sagt der Taxifahrer und drückt als Beweis noch mal auf die Hupe. „Hupen macht Spaß! Hier in Deutschland hupen immer alle nur, wenn sie sich ärgern."

Papa zuckt zusammen. „Aber ist es dann nicht total laut?"

„Ja, klar", sagt der Taxifahrer. „Dagegen sind deutsche Großstädte gar nichts. In Indien lernt man übrigens auch, wie man Staus umgeht, um rechtzeitig zum Bahnhof zu kommen." Er fährt rechts auf den Seitenstreifen, über eine Bushaltestelle, dann in die Einfahrt eines Supermarkts, quer über den Parkplatz und auf der anderen Seite wieder raus. „So, hier ist freie Bahn."

Papa schaut auf die Uhr. „Zum Glück, wird nämlich wirklich knapp."

Innerhalb von zehn Minuten sind sie am Bahnhof. Das Taxameter ist bei 12,20 Euro und Papa zahlt ein üppiges Trinkgeld. „Danke, dass Sie so schnell waren. So, Paul, jetzt müssen wir uns beeilen!"

Papa nimmt Paul an die Hand und sie laufen los. Dann hupt es hinter ihnen und Papa dreht sich um. „Haben wir was vergessen?"

„Ich glaube, der will nur noch mal Tschüss sagen!", meint Paul und winkt.

„Wahrscheinlich hast du recht", sagt Papa. „Ich glaube, du würdest in Indien sehr gut zurechtkommen!"

Susanne Weber, Jahrgang 1977, studierte in Berlin Germanistik und Romanistik. Sie arbeitete einige Jahre als Lektorin in verschiedenen Kinderbuchverlagen. Nach der Geburt ihres ersten Sohnes begann sie, erfolgreich Kinderbuchtexte zu schreiben. Mittlerweile hat sie zwei Söhne und schreibt immer mehr.

Susanne Göhlich, geboren 1972, lebt mit ihrer Familie in Leipzig. Neben dem Studium der Kunstgeschichte begann sie zu zeichnen. Dabei ist sie dann auch geblieben. Inzwischen arbeitet sie als freie Illustratorin für Kinderbuchverlage und Magazine.

Noch mehr Vorlesegeschichten für Kindergartenkinder

ISBN 978-3-95854-027-9

»Humorvoll und warmherzig«
BÜCHER